Impressum
Verlag: BABADADA GmbH, Nedderfeld 112 , 22529 Hamburg
Geschäftsführer / Verlagsleitung: Harald Hof
Druck: Books on Demand GmbH, In de Tarpen 42, 22848 Norderstedt

Imprint
Publisher: BABADADA GmbH, Nedderfeld 112 , 22529 Hamburg, Germany
Managing Director / Publishing direction: Harald Hof
Print: Books on Demand GmbH, In de Tarpen 42, 22848 Norderstedt, Germany

kool
škola

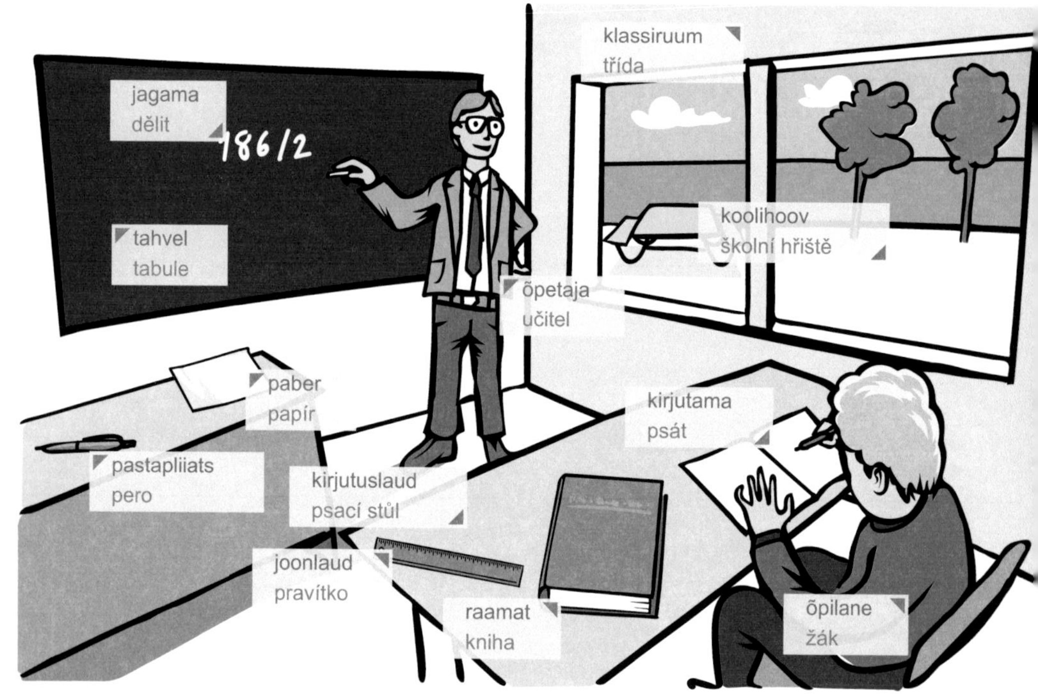

klassiruum
třída
jagama
dělit
186/2
tahvel
tabule
koolihoov
školní hřiště
õpetaja
učitel
paber
papír
kirjutama
psát
pastapliiats
pero
kirjutuslaud
psací stůl
joonlaud
pravítko
raamat
kniha
õpilane
žák

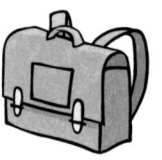

koolikott
aktovka

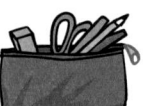

pinal
penál

harilik pliiats
tužka

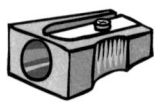

pliiatsiteritaja
ořezávátko

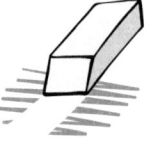

kustukumm
guma

joonistusplokk
blok na kreslení

joonistus
výkres

pintsel
štětec

värvikarp
malířské potřeby

käärid
nůžky

liim
lepidlo

töövihik
cvičebnice

kodutöö
domácí úkol

number
počet

2+2

liitma
sčítat

5-2

lahutama
odčítat

korrutama
násobit

arvutama
počítat

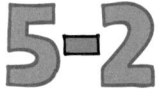

täht
písmeno

tähestik
abeceda

sõna
slovo

tekst

text

lugema

číst

kriit

křída

koolitund

hodina

klassipäevik

třídní kniha

eksam

zkouška

tunnistus

vysvědčení

koolivorm

školní uniforma

haridus

vzdělání

entsüklopeedia

encyklopedie

ülikool

univerzita

mikroskoop

mikroskop

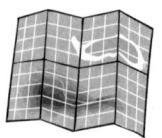

kaart

karta

paberikorv

odpadkový koš na papír

reisimine

cesta

hotell
hotel
Grand
hostel
ubytovna
ROOMS
EXCHANGE
valuutavahetuspunkt
směnárna
kohver
kufr
auto
auto

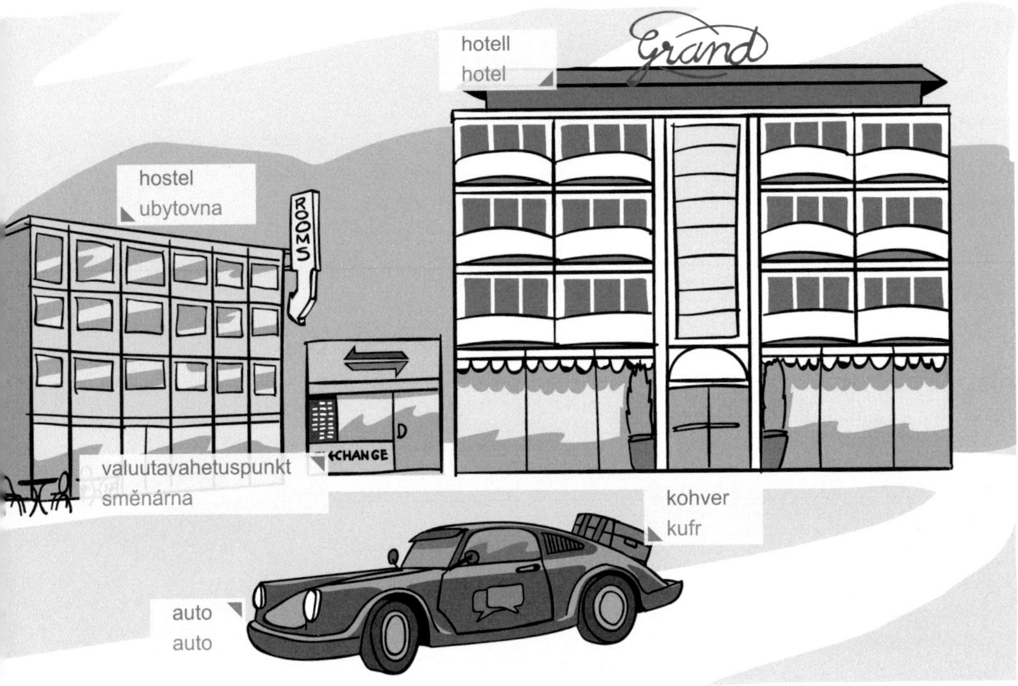

keel

jazyk

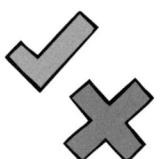

jah / ei

ano / ne

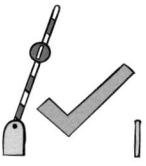

okei

oukej

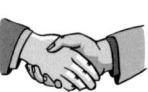

Tere!

Ahoj!

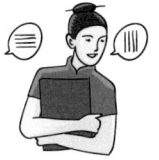

tõlk

překladatel

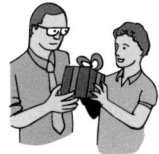

Aitäh!

děkuji

Kui palju maksab …?

Kolik stojí…?

Ma ei saa aru

nerozumím

probleem

problém

Tere õhtust!

Dobrý večer!

Tere hommikust!

Dobré ráno!

Head ööd!

Dobrou noc!

Head aega!

na shledanou

suund

směr

pagas

zavazadlo

kott

taška

seljakott

batoh

külaline

host

tuba

pokoj

magamiskott

spací pytel

telk

stan

turismiinfo

turistické informace

rand

pláž

krediitkaart

kreditní karta

hommikusöök

snídaně

lõunasöök

oběd

õhtusöök

večeře

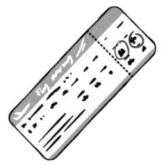

pilet

jízdenka

lift

výtah

postmark

poštovní známka

riigipiir

hranice

toll

clo

saatkond

poselství

viisa

vízum

pass

pas

transport
transport

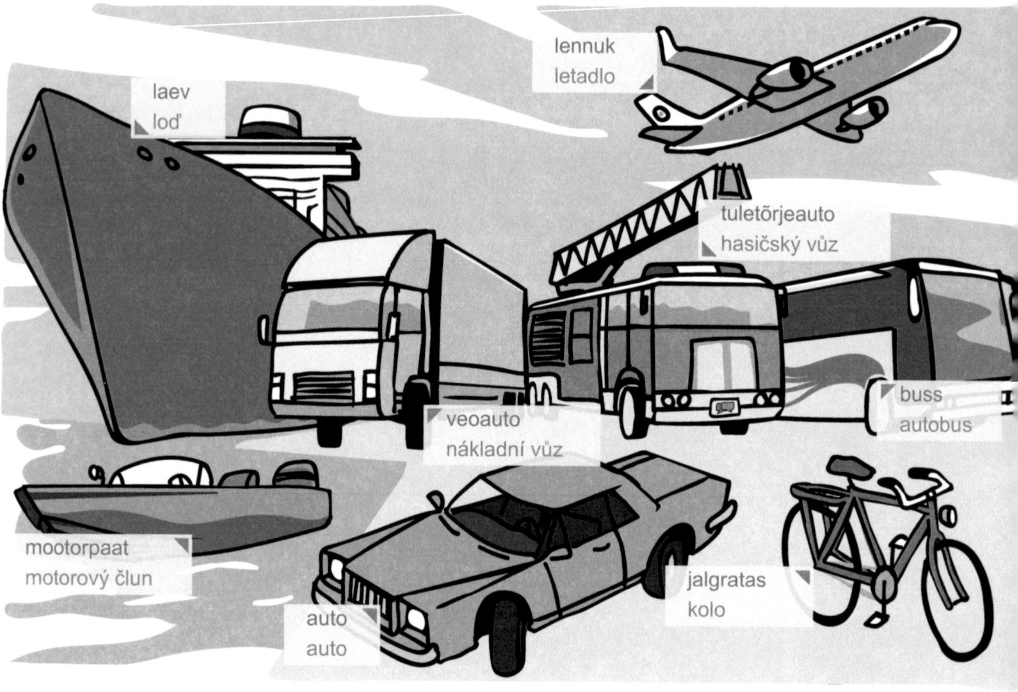
lennuk
letadlo
laev
loď
tuletõrjeauto
hasičský vůz
buss
autobus
veoauto
nákladní vůz
mootorpaat
motorový člun
jalgratas
kolo
auto
auto

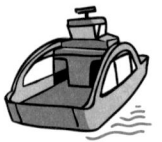

praam

přívoz

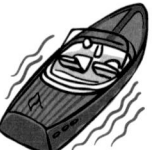

paat

člun

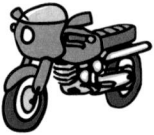

mootorratas

motorka

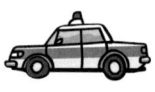

politseiauto

policejní auto

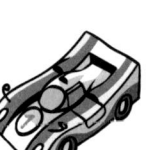

võidusõiduauto

závodní auto

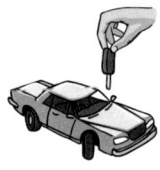

rendiauto

pronajaté auto

ühisauto

sdílení aut

puksiirauto

odtahová služba

prügiauto

popelářský vůz

mootor

motor

kütus

palivo

tankla

čerpací stanice

liiklusmärk

dopravní značka

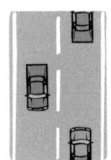

liiklus

doprava

liiklusummik

dopravní zácpa

parkla

parkoviště

raudteejaam

vlakové nádraží

rööpad

koleje

rong

vlak

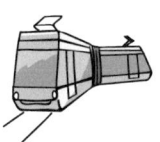

tramm

tramvaj

vagun

vagón

helikopter

helikoptéra

lennujaam

letiště

torn

věž

reisija

pasažér

konteiner

kontejner

pappkast

kartón

käru

trakař

korv

koš

õhku tõusma / maanduma

vzlétnout / přistát

linn

město

küla

vesnice

kesklinn

střed města

maja

dům

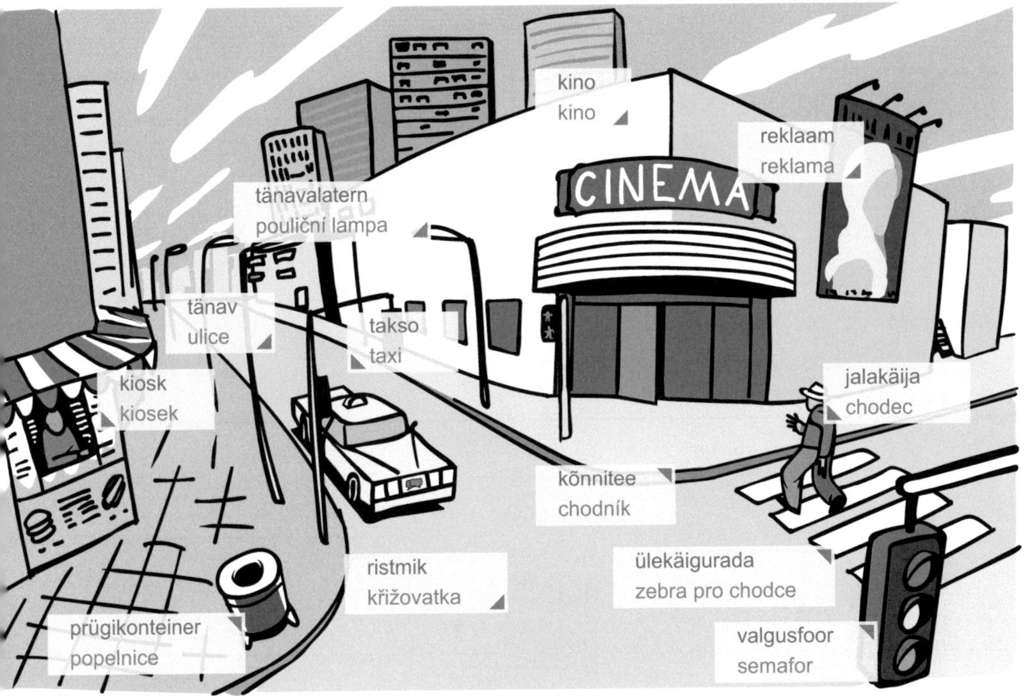

kino
kino

reklaam
reklama

tänavalatern
pouliční lampa

CINEMA

tänav
ulice

takso
taxi

jalakäija
chodec

kiosk
kiosek

kõnnitee
chodník

ristmik
křižovatka

ülekäigurada
zebra pro chodce

prügikonteiner
popelnice

valgusfoor
semafor

osmik

chata

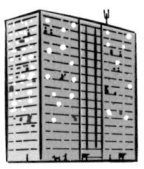

kortermaja

byt

raudteejaam

vlakové nádraží

raekoda

radnice

muuseum

muzeum

kool

škola

ülikool

univerzita

pank

banka

haigla

nemocnice

hotell

hotel

apteek

lékárna

kontor

kancelář

raamatupood

knihkupectví

kauplus

obchod

lillepood

květinářství

supermarket

supermarket

turg

tržnice

kaubamaja

obchodní dům

kalapood

rybárna

kaubanduskeskus

nákupní centrum

sadam

přístav

linn - město

park
park

pink
lavička

sild
most

trepp
schody

metroo
metro

tunnel
tunel

bussipeatus
autobusová zastávka

baar
bar

restoran
restaurace

postkast
poštovní schránka

tänavasilt
pouliční tabule

parkimisautomaat
parkovací hodiny

loomaaed
zoo

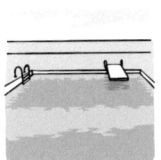

ujula
plovárna

mošee
mešita

talu

usedlost

reostus

znečišťování životního prostředí

surnuaed

hřbitov

kirik

církev

mänguväljak

hřiště

tempel

chrám

maastik
krajina

leht
list

teeviit
rozcestník

tee
cesta

aas
louka

kivi
kámen

matkaja
turista

puu
strom

jõgi
řeka

rohi
tráva

lill
květina

org

údolí

mägi

hora

järv

jezero

mets

les

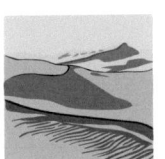

kõrb

poušť

vulkaan

sopka

linnus

zámek

vikerkaar

duha

seen

houba

palm

palma

sääsk

komár

kärbes

moucha

sipelgas

mravenec

mesilane

včela

ämblik

pavouk

maastik - krajina

mardikas

brouk

konn

žába

orav

veverka

siil

ježek

jänes

zajíc

öökull

sova

lind

pták

luik

labuť

metssiga

divoké prase

hirv

jelen

põder

los

pais

přehrada

tuuleturbiin

větrné kolo

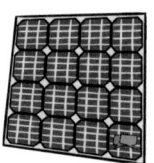

päikesepaneel

solární panel

kliima

podnebí

restoran
restaurace

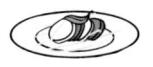

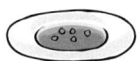

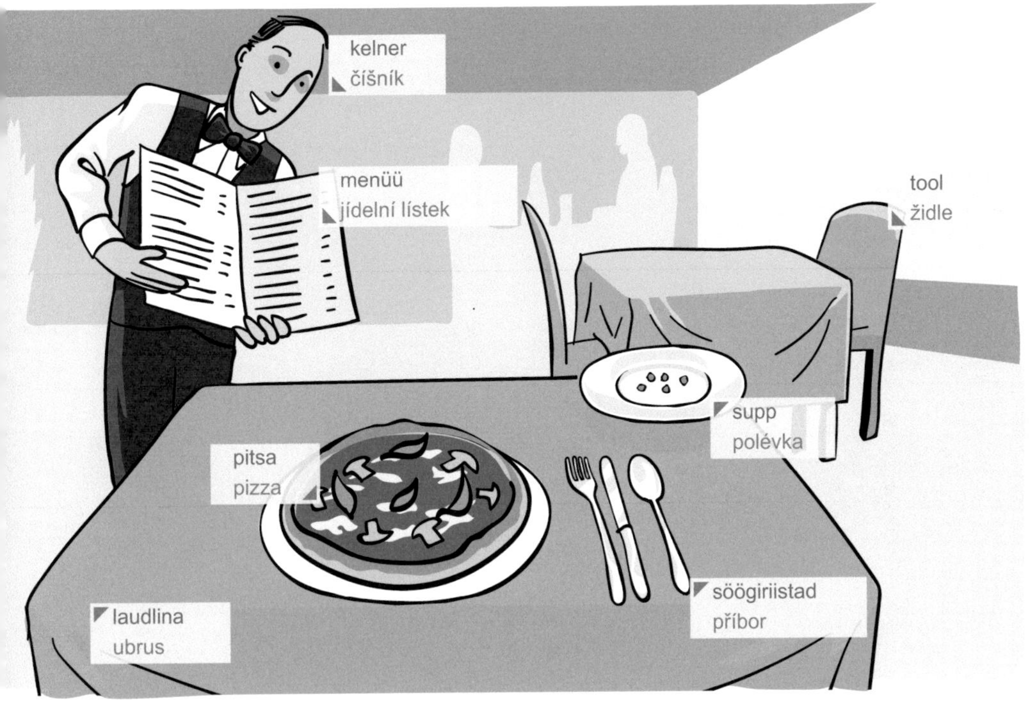
kelner
číšník
menüü
jídelní lístek
tool
židle
supp
polévka
pitsa
pizza
söögiriistad
příbor
laudlina
ubrus

eelroog
předkrm

pearoog
hlavní chod

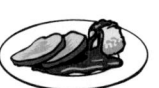

magustoit
dezert

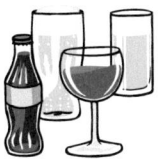

joogid
nápoje

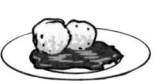

toit
jídlo

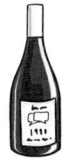

pudel
láhev

kiirtoit

rychlé občerstvení

tänavatoit

pouliční občerstvení

teekann

čajová konvice

suhkrutoos

cukřenka

portsjon

porce

espressomasin

kávovar na espresso

lastetool

dětská stolička

arve

faktura

kandik

tác

nuga

nůž

kahvel

vidlička

lusikas

lžíce

teelusikas

čajová lyžička

salvrätik

ubrousek

klaas

sklenička

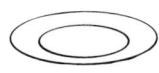

taldrik

talíř

supitaldrik

talíř na polévku

alustass

podšálek

kaste

omáčka

soolatoos

slánka

pipraveski

mlýnek na pepř

äädikas

ocet

õli

olej

vürtsid

koření

ketšup

kečup

sinep

hořčice

majonees

majonéza

supermarket
supermarket

eripakkumine
nabídka
klient
zákazník
piimatooted
mléčné výrobky
puuviljad
ovoce
ostukäru
nákupní vozík
FOR

BUTCHERS

lihapood

masna

BAKERY

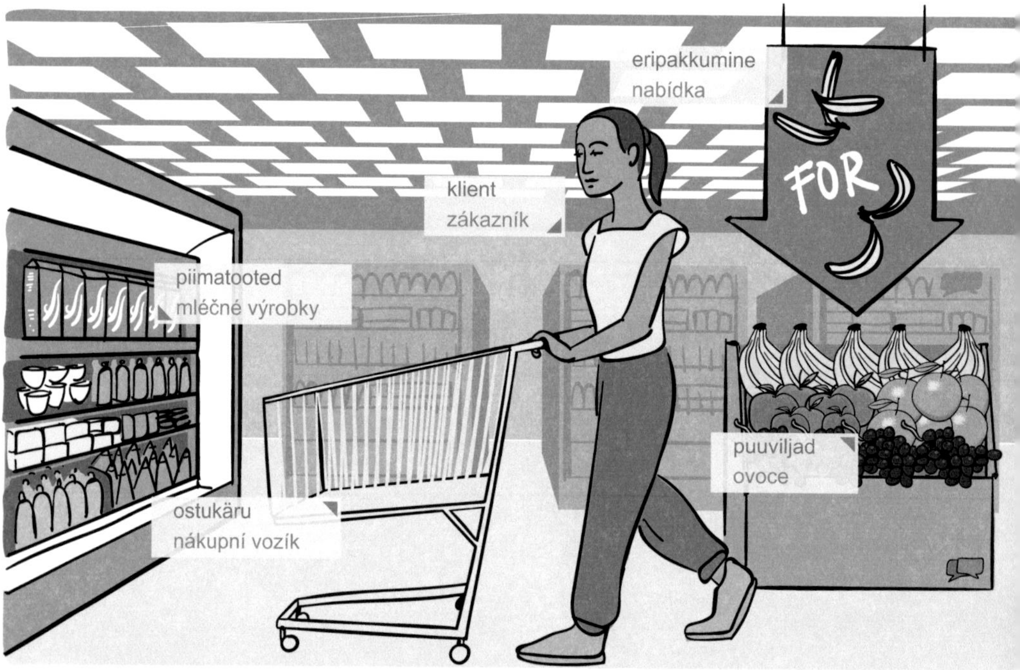

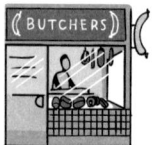

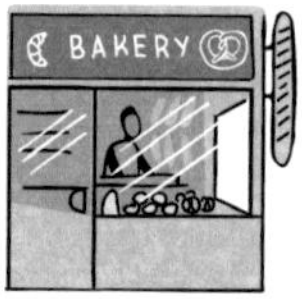

pagariäri

pekařství

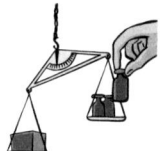

kaaluma

vážit

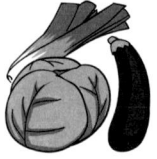

köögiviljad

zelenina

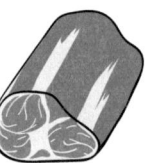

liha

maso

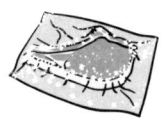

külmutatud toit

mražené potraviny

lihalõigud

obložený talíř

konservid

konzervy

pesupulber

prací prášek

maiustused

cukrovinky

majatarbed

výrobky pro domácnost

puhastustooted

čisticí prostředek

müüja

prodavačka

kassaaparaat

pokladna

kassapidaja

pokladní

ostunimekiri

nákupní seznam

lahtiolekuajad

otevírací doba

rahakott

peněženka

krediitkaart

kreditní karta

kott

taška

kilekott

igelitová taška

vesi

voda

mahl

džus

piim

mléko

koola

kola

vein

víno

õlu

pivo

alkohol

alkohol

kakao

kakao

tee

čaj

kohv

káva

espresso

espresso

cappuccino

kapučíno

banaan

banán

õun

jablko

apelsin

pomeranč

arbuus

meloun

sidrun

citrón

porgand

mrkev

küüslauk

česnek

bambus

bambus

sibul

cibule

seen

houba

pähklid

ořechy

nuudlid

těstoviny

spagetid

špageti

riis

rýže

salat

salát

friikartulid

hranolky

praekartulid

americké brambory

pitsa

pizza

hamburger

hamburger

võileib

sendvič

šnitsel

řízek

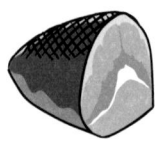

sink

šunka

salaami

salám

vorst

salám

kana

kuře

praeliha

pečeně

kala

ryby

kaerahelbed

ovesné vločky

müsli

müsli

maisihelbed

vločky

jahu

mouka

sarvesai

croissant

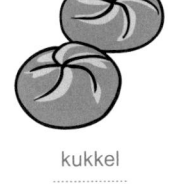

kukkel

houska

leib

chléb

röstsai

toast

küpsised

sušenky

või

máslo

kohupiim

tvaroh

kook

buchta

muna

vejce

praemuna

volské oko

juust

sýr

jäätis
....
zmrzlina

suhkur
....
cukr

mesi
....
med

moos
....
marmeláda

pähklivõie
....
nugátový krém

karri
....
kari

talu
usedlost

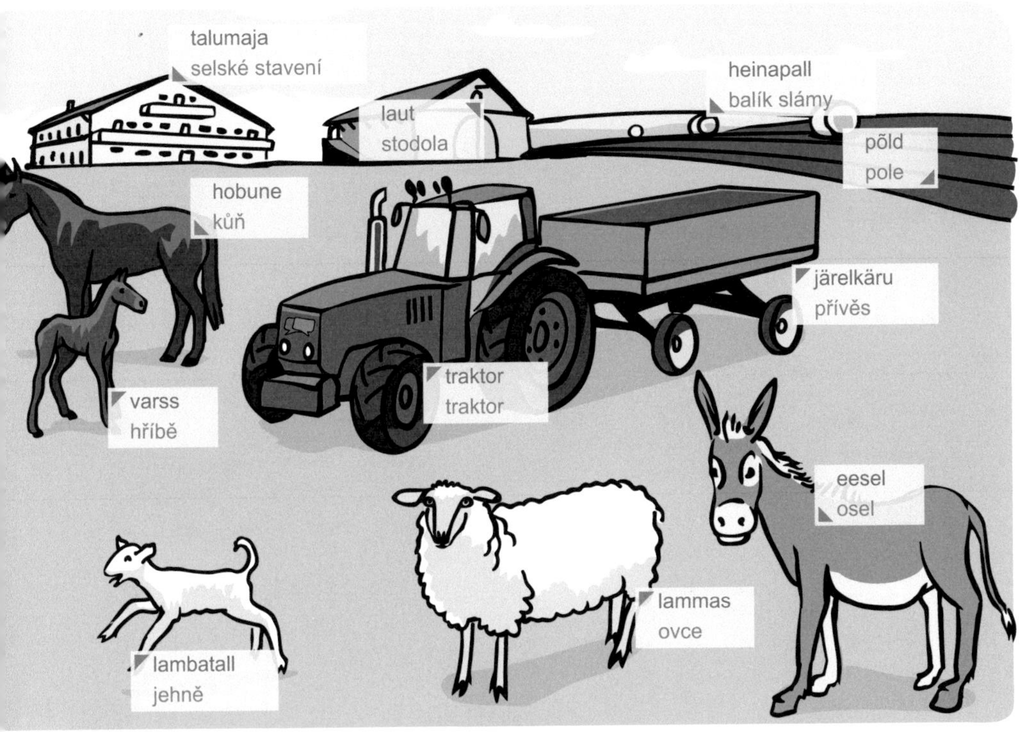

talumaja
selské stavení
laut
stodola
heinapall
balík slámy
põld
pole
hobune
kůň
järelkäru
přívěs
traktor
traktor
varss
hříbě
eesel
osel
lammas
ovce
lambatall
jehně

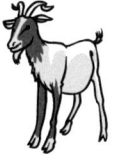

kits
koza

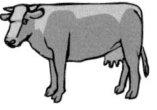

lehm
kráva

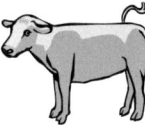

vasikas
tele

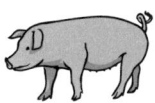

siga
prase

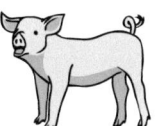

põrsas
sele

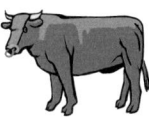

pull
býk

hani

husa

part

kachna

tibu

kuře

kana

slepice

kukk

kohout

rott

krysa

kass

kočka

hiir

myš

härg

vůl

koer

pes

koerakuut

psí bouda

aiavoolik

zahradní hadice

kastekann

kropicí konev

vikat

kosa

ader

pluh

sirp

srp

kõblas

motyka

hang

vidle

kirves

sekera

käru

kolecko

küna

koryto

piimanõu

konev na mléko

kott

pytel

tara

plot

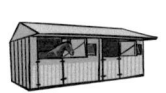

tall

stáj

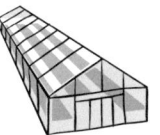

kasvuhoone

skleník

muld

půda

seeme

osivo

väetis

hnojivo

kombain

kombajn

saaki koristama

sklidit

saagikoristus

sklizeň

jamss

smldinec

nisu

pšenice

soja

sója

kartul

brambora

mais

kukuřice

raps

řepka

viljapuu

ovocný strom

maniokk

maniok

teravili

obilí

maja
dům

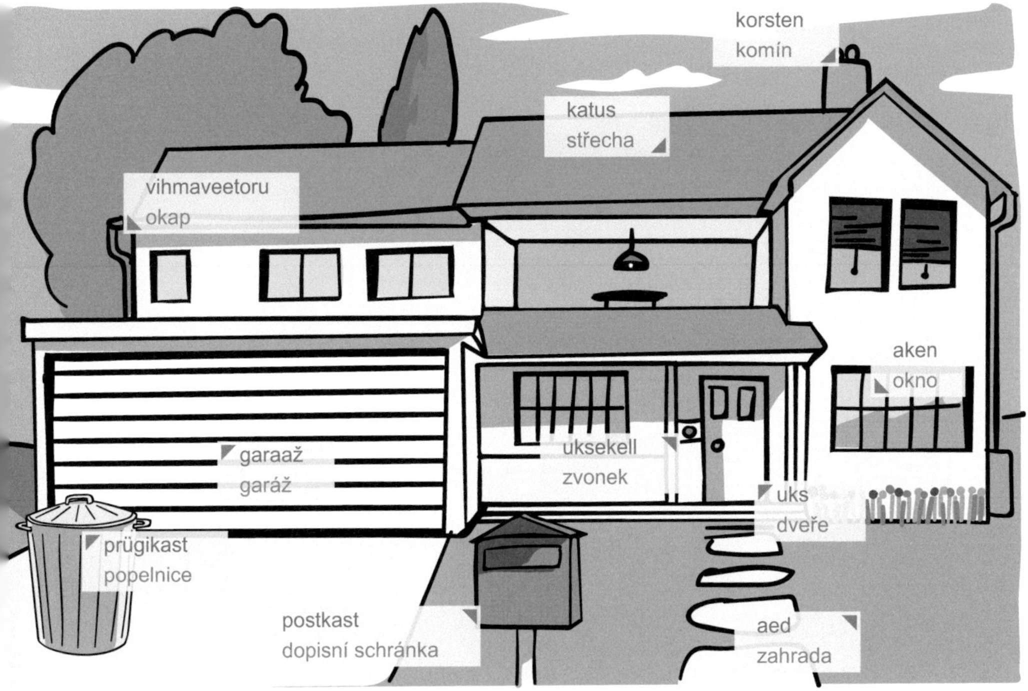
korsten
komín
katus
střecha
vihmaveetoru
okap
aken
okno
garaaž
garáž
uksekell
zvonek
uks
dveře
prügikast
popelnice
postkast
dopisní schránka
aed
zahrada

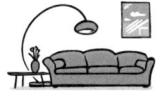

elutuba

obývací pokoj

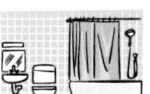

vannituba

koupelna

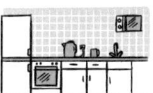

köök

kuchyně

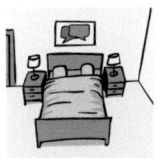

magamistuba

ložnice

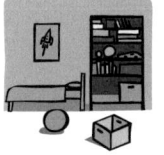

lastetuba

dětský pokoj

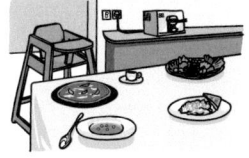

söögituba

jídelna

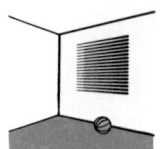

põrand

podlaha

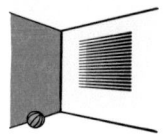

sein

zeď

lagi

deka

kelder

sklep

saun

sauna

rõdu

balkón

terrass

terasa

bassein

bazén

muruniiduk

sekačka na trávu

voodilina

ložní prádlo

päevatekk

lůžková přikrývka

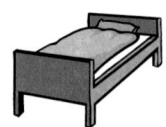

voodi

postel

luud

smeták

ämber

kýbl

lüliti

vypínač

elutuba
obývací pokoj

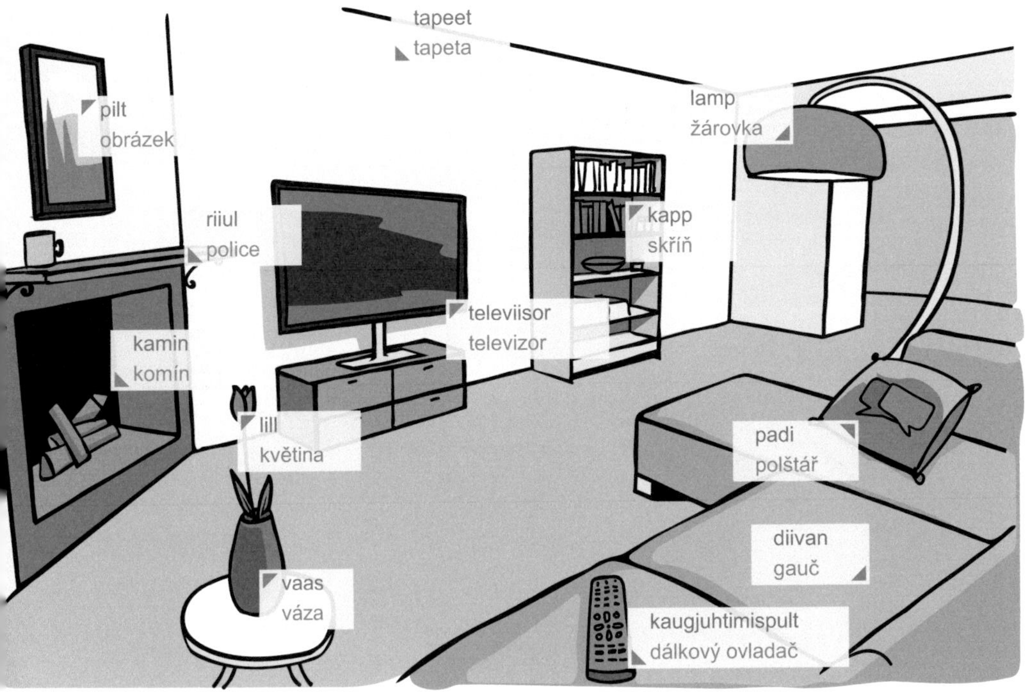

tapeet
tapeta
pilt
obrázek
lamp
žárovka
riiul
police
kapp
skříň
televiisor
televizor
kamin
komín
lill
květina
padi
polštář
diivan
gauč
vaas
váza
kaugjuhtimispult
dálkový ovladač

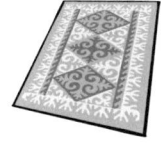

vaip
koberec

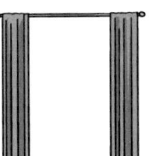

kardin
závěs

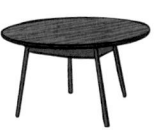

laud
stůl

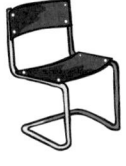

tool
židle

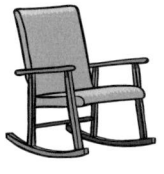

kiiktool
houpací křeslo

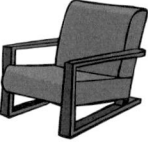

tugitool
křeslo

raamat

kniha

tekk

strop

kaunistus

ozdoba

küttepuud

palivové dříví

film

film

helisüsteem

stereo souprava

võti

klíč

ajaleht

noviny

maal

malba

plakat

plakát

raadio

rádio

märkmik

poznámkový blok

tolmuimeja

vysavač

kaktus

kaktus

küünal

svíce

köök
kuchyně

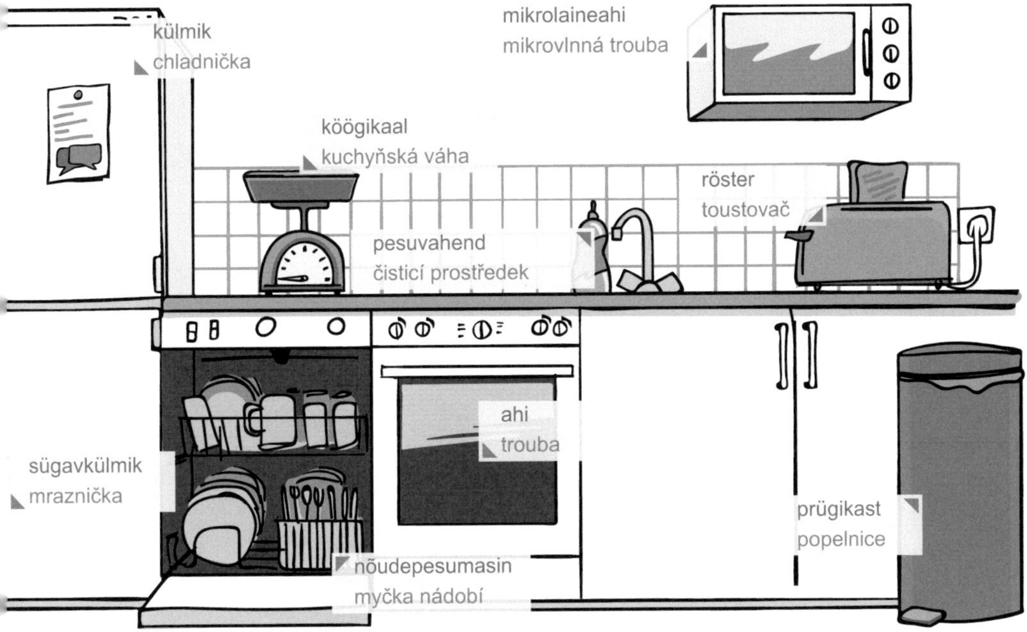
külmik
chladnička
mikrolaineahi
mikrovlnná trouba
köögikaal
kuchyňská váha
röster
toustovač
pesuvahend
čisticí prostředek
ahi
trouba
sügavkülmik
mraznička
prügikast
popelnice
nõudepesumasin
myčka nádobí

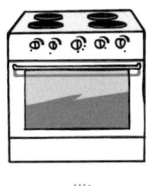

pliit
sporák

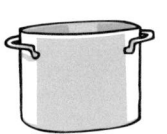

pott
hrnec

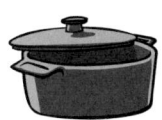

malmpott
litinový hrnec

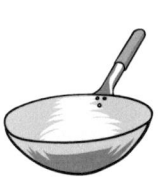

vokkpann
wok / kadai

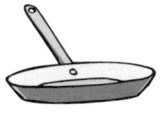

pann
pánev

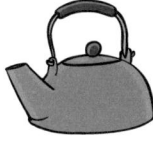

veekeetja
varná konvice

aurutaja

parní hrnec

küpsetusplaat

plech na pečení

lauanõud

nádobí

kruus

hrnek

kauss

miska

söögipulgad

jídelní hůlky

kulp

naběračka

pannilabidas

obracečka

vispel

metla

kurn

síto

sõel

cedník

riiv

struhadlo

uhmer

hmoždíř

grill

gril

lahtine tuli

ohniště

lõikelaud

prkénko na krájení

tainarull

váleček na těsto

korgitser

vývrtka

konservipurk

dóza

konserviavaja

otvírák na konzervy

pajakinnas

chňapka

kraanikauss

umyvadlo

hari

kartáč na nádobí

pesukäsn

houba

kannmikser

mixér

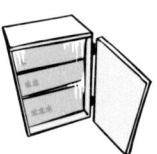

sügavkülmuti

mrazák

lutipudel

dětská lahev

segisti

kohoutek

köök - kuchyně

vannituba
koupelna

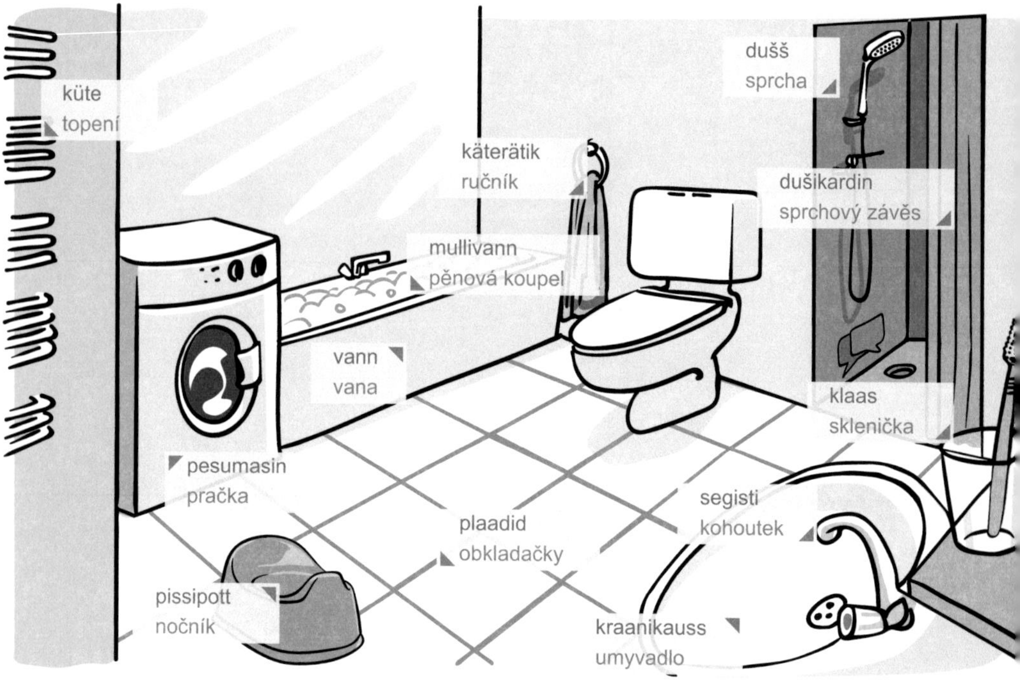

küte
topení

dušš
sprcha

käterätik
ručník

dušikardin
sprchový závěs

mullivann
pěnová koupel

vann
vana

klaas
sklenička

pesumasin
pračka

plaadid
obkladačky

segisti
kohoutek

pissipott
nočník

kraanikauss
umyvadlo

WC-pott

záchod

kükitamistualett

turecký záchod

bidee

bidet

pissuaar

pisoár

tualettpaber

toaletní papír

WC-hari

záchodová štětka

hambahari

zubní kartáček

hambapasta

zubní pasta

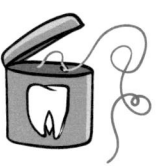

hambaniit

zubní niť

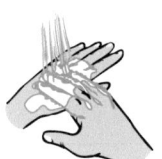

pesema

mýt

käsidušš

ruční sprcha

intiimdušš

intimní sprcha

pesukauss

umyvadlo

seljahari

kartáč na záda

seep

mýdlo

dušigeel

sprchový gel

šampoon

šampón

vamm

žínka

äravool

odpad

kreem

krém

deodorant

deodorant

peegel

zrcadlo

käsipeegel

kosmetické zrcátko

habemenuga

holicí strojek

raseerimisvaht

pěna na holení

habemevesi

voda po holení

kamm

hřeben

hari

kartáč

föön

fén

juukselakk

lak na vlasy

meigikomplekt

makeup

huulepulk

rtěnka

küünelakk

lak na nehty

vatt

vata

küünekäärid

nůžky na nehty

parfüüm

parfém

tualett-tarvete kott

ška s toaletními potřebami

taburet

stolička

kaal

váha

hommikumantel

župan

kummikindad

gumové rukavice

tampoon

tampón

hügieeniside

dámská vložka

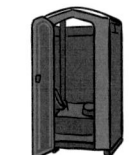

keemiline tualett

chemická toaleta

lastetuba
dětský pokoj

äratuskell
budík
pehme mänguasi
plyšová hračka
mänguauto
autíčko
kõristi
chrastítko
nukumaja
domeček pro panenky
kingitus
dárek

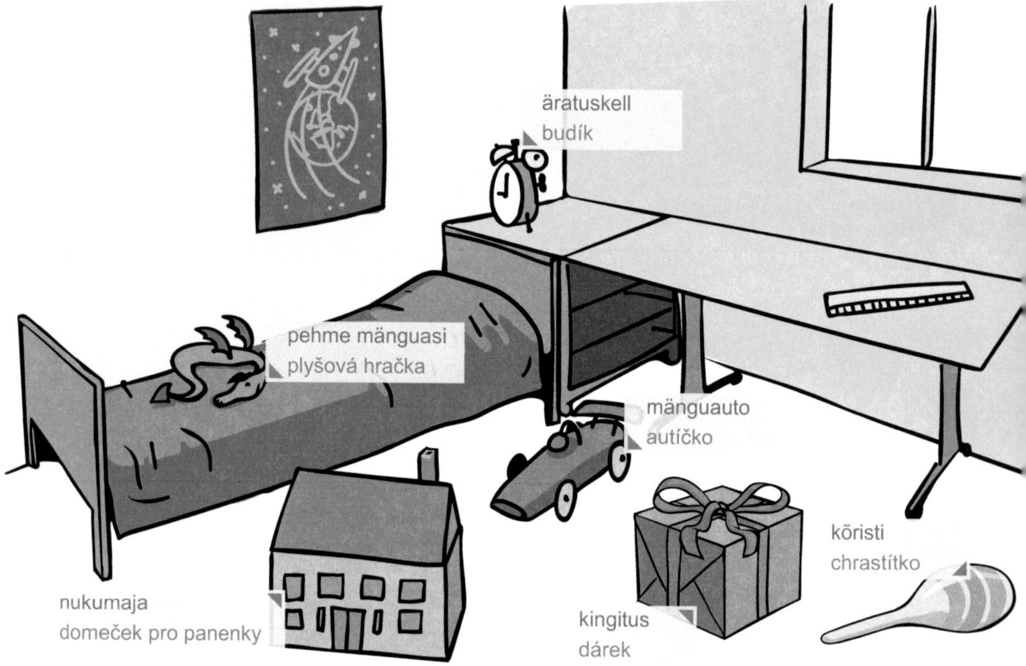

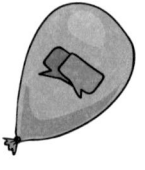

õhupall

balón

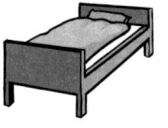

voodi

postel

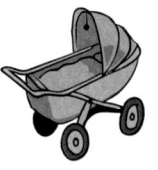

lapsevanker

kočárek

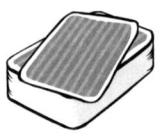

kaardipakk

balíček karet

pusle

puzzle

SUPER MEGA

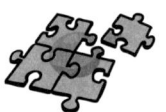

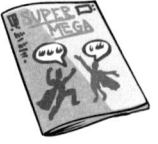

koomiks

komiks

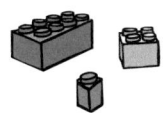

Lego klotsid

lego kostky

klotsid

stavebnice

kujuke

akční figurka

siputuspüksid

dupačky

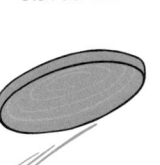

lendav taldrik

frisbee

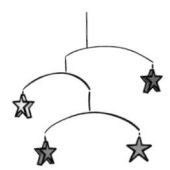

voodikarussell

závěsné hračky nad postýlku

lauamäng

desková hra

täringud

kostky

mudelrong

modelová železnice

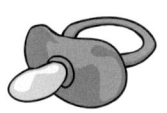

lutt

dudlík

pidu

oslava

pildiraamat

obrázková kniha

pall

míč

nukk

panenka

mängima

hrát si

liivakast

pískoviště

kiik

houpačka

mänguasjad

hračky

mängukonsool

hrací konzole

kolmerattaline jalgratas

tříkolka

mängukaru

medvídek

riidekapp

šatník

riietus
oblečení

sokid

ponožky

sukad

punčochy

sukkpüksid

punčochové kalhoty

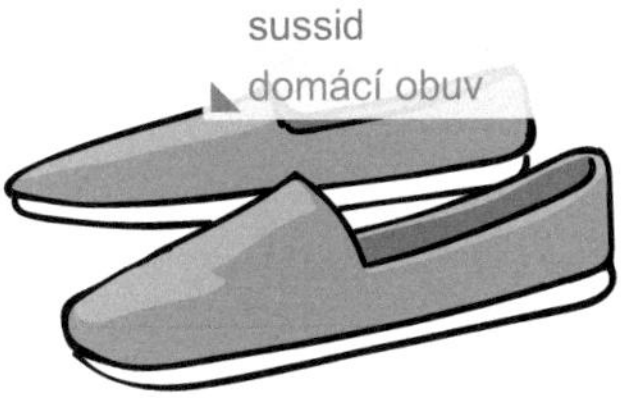

sall
šála

vihmavari
deštník

vöö
pásek

T-särk
tričko

saapad
kozačky

sussid
domácí obuv

tossud
tenisky

sandaalid
....
sandály

jalatsid
....
obuv

kummikud
....
holínky

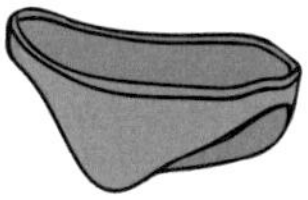

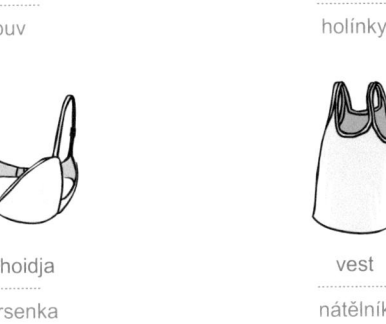

aluspüksid
....
spodní prádlo

rinnahoidja
....
podprsenka

vest
....
nátělník

bodi

body

püksid

kalhoty

teksapüksid

džíny

seelik

sukně

pluus

blůza

särk

košile

sviiter

svetr

dressipluus

mikina

bleiser

blejzr

jakk

bunda

mantel

kabát

vihmamantel

pláštěnka

kostüüm

kostým

kleit

šaty

pulmakleit

svatební šaty

ülikond

oblek

öösärk

noční košile

pidžaama

pyžamo

sari

sárí

pearätt

šátek na hlavu

turban

turban

burka

burka

kaftan

kaftan

abayah

abája

ujumistrikoo

plavky

ujumispüksid

pánské plavky

lühikesed püksid

kraťasy

dressid

teplákový souprava

põll

zástěra

kindad

rukavice

nööp
....
knoflík

prillid
....
brýle

käevõru
....
náramek

kaelakee
....
náhrdelník

sõrmus
....
prsten

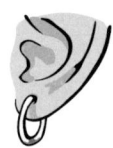

kõrvarõngas
....
náušnice

nokamüts
....
čepice

riidepuu
....
ramínko

kaabu
....
klobouk

lips
....
kravata

tõmblukk
....
zip

kiiver
....
helma

traksid
....
kšandy

koolivorm
....
školní uniforma

vormirõivad
....
uniforma

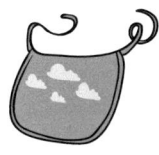

pudipõll

bryndák

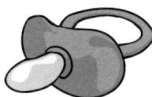

lutt

dudlík

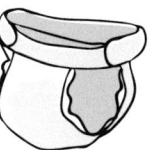

mähe

plena

kontor
kancelář

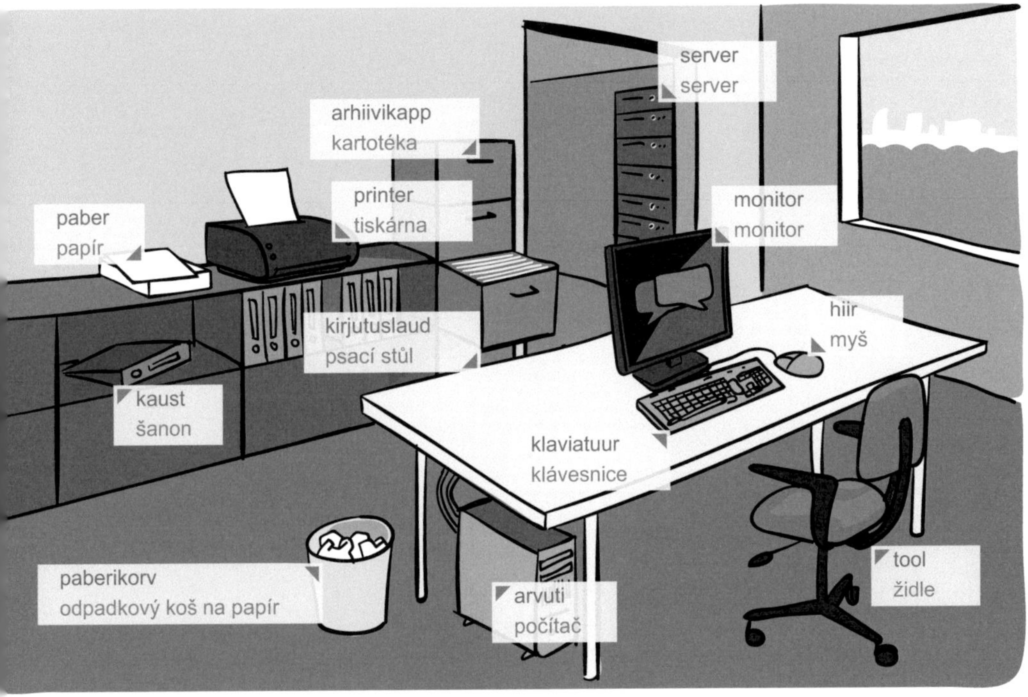
server
server
arhiivikapp
kartotéka
printer
tiskárna
paber
papír
monitor
monitor
hiir
myš
kirjutuslaud
psací stůl
kaust
šanon
klaviatuur
klávesnice
paberikorv
odpadkový koš na papír
arvuti
počítač
tool
židle

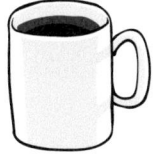

kohvikruus

hrnek na kávu

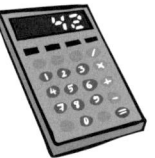

kalkulaator

kalkulačka

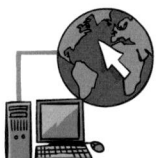

internet

internet

sülearvuti

notebook

kiri

dopis

sõnum

zpráva

mobiiltelefon

mobil

võrk

síť

koopiamasin

kopírka

tarkvara

software

telefon

telefon

pistikupesa

zásuvka

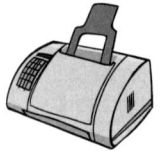

faksimasin

fax

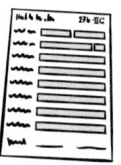

vorm

formulář

dokument

dokument

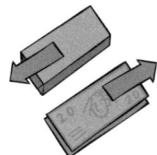

ostma

nakupovat

maksma

zaplatit

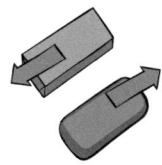

vahetama

jednat

raha

peníze

USD

dollar

dolar

EUR

euro

euro

JPY

jeen

jen

RUB

rubla

rubl

CHF

Šveitsi frank

frank

CNY

renminbi jüaan

juan

INR

ruupia

rupie

sularahaautomaat

bankomat

valuutavahetuspunkt

směnárna

kuld

zlato

hõbe

stříbro

nafta

olej

energia

energie

hind

cena

leping

smlouva

maks

daň

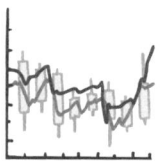

aktsia

akcie

töötama

pracovat

töötaja

zaměstnanec

tööandja

zaměstnavatel

tehas

továrna

kauplus

obchod

ametid
povolání

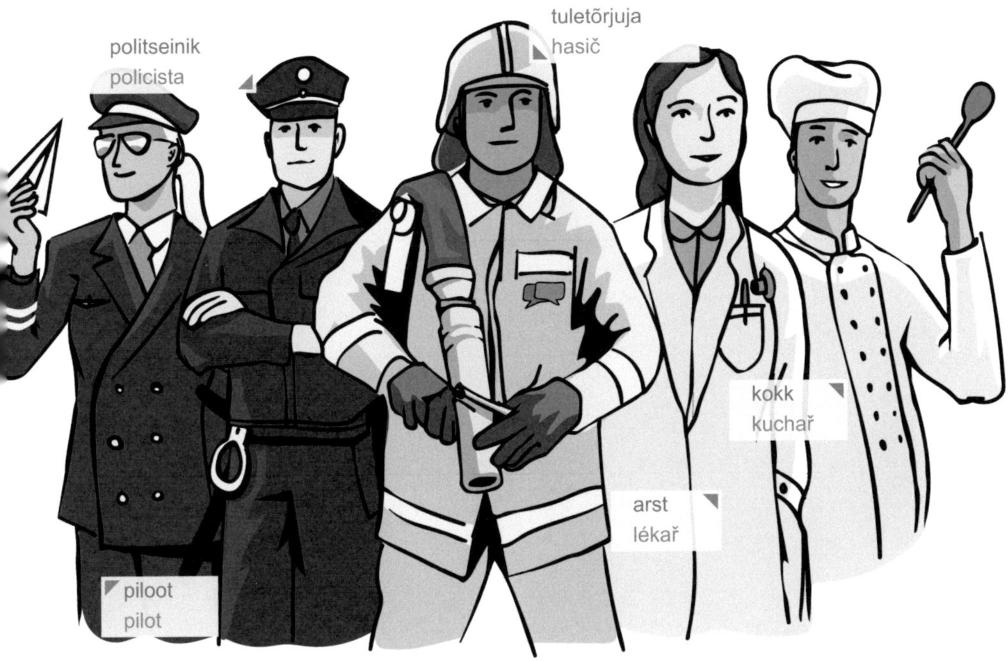

tuletõrjuja
hasič
politseinik
policista
kokk
kuchař
arst
lékař
piloot
pilot

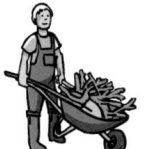

aednik

zahradník

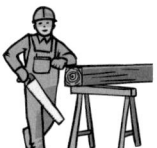

puusepp

truhlář

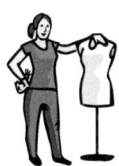

õmbleja

švadlena

kohtunik

soudce

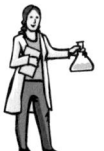

keemik

chemik

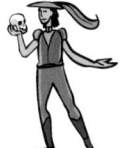

näitleja

herec

bussijuht

řidič autobusu

taksojuht

řidič taxi

kalamees

rybář

koristaja

uklízečka

katusepaigaldaja

pokrývač

kelner

číšník

jahimees

myslivec

maaler

malíř

pagar

pekař

elektrik

elektrikář

ehitaja

stavební dělník

insener

inženýr

lihunik

řezník

torumees

klempíř

postiljon

listonoš

sõdur

voják

arhitekt

architekt

kassapidaja

pokladní

lillemüüja

florista

juuksur

kadeřník

piletikontrolör

průvodčí

mehaanik

mechanik

kapten

kapitán

hambaarst

zubař

teadlane

vědec

rabi

rabín

imaam

imám

munk

mnich

preester

duchovní

tööriistad
nářadí

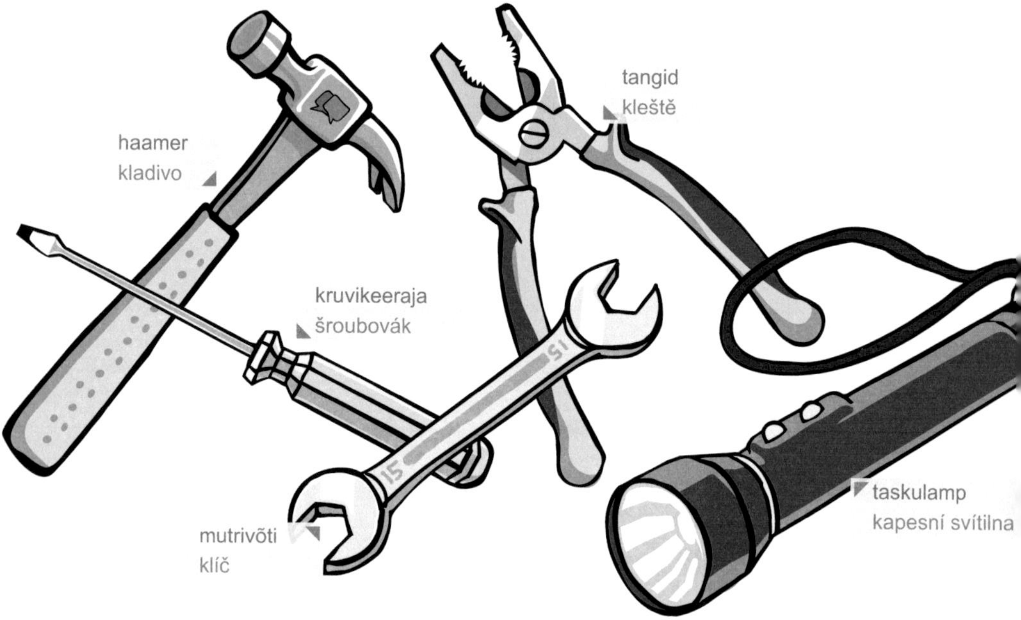
haamer
kladivo
tangid
kleště
kruvikeeraja
šroubovák
mutrivõti
klíč
taskulamp
kapesní svítilna

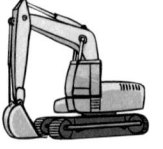

ekskavaator
bagr

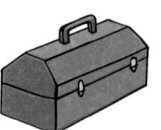

tööriistakast
skříň na nářadí

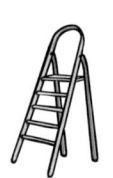

redel
žebřík

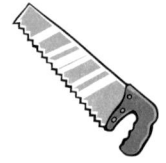

saag
pila

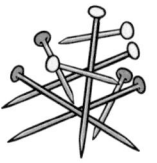

naelad
hřebíky

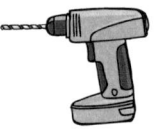

trell
vrtačka

parandama
....
opravit

labidas
....
lopata

Põrgusse!
....
Kurva!

kühvel
....
lopatka

värvipott
....
vědroé na barvu

kruvid
....
šrouby

pillid
hudební nástroje

kõlar
reproduktor

trummikomplekt
bicí

kitarr
kytara

kontrabass
kontrabas

trompet
trubka

klaver

klavír

viiul

housle

bass

basa

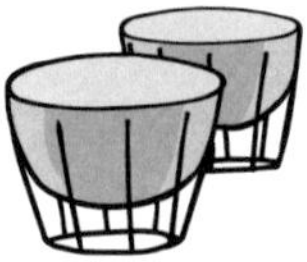

timpan

tympán

trummid

bubny

süntesaator

keyboard

saksofon

saxofon

flööt

flétna

mikrofon

mikrofon

loomaaed

zoo

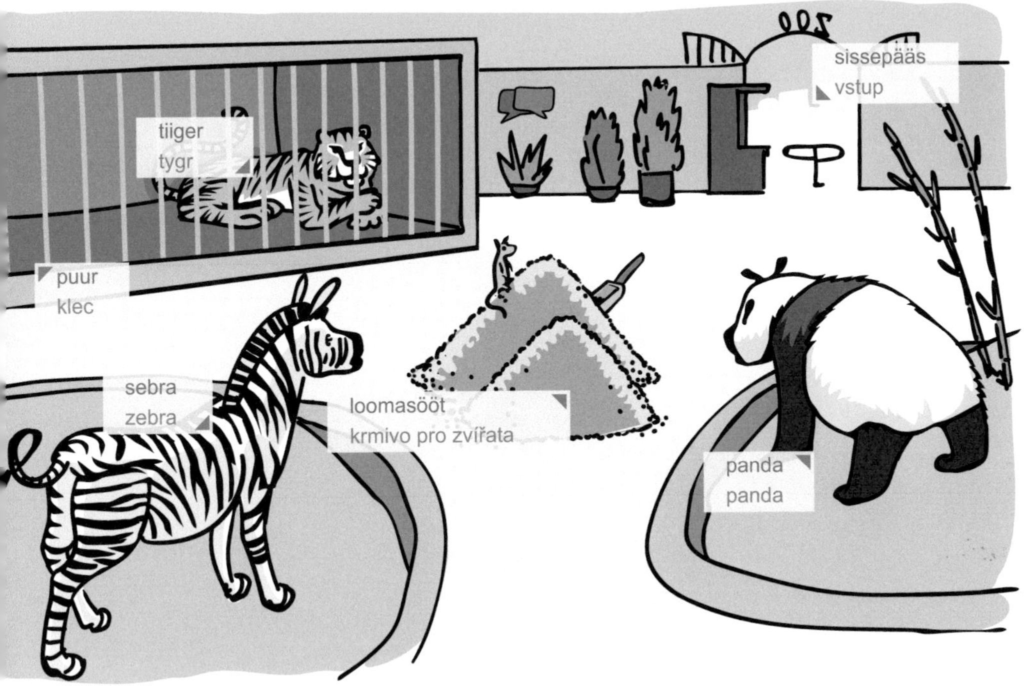
sissepääs
vstup
tiiger
tygr
puur
klec
sebra
zebra
loomasööt
krmivo pro zvířata
panda
panda

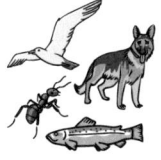

loomad

zvířata

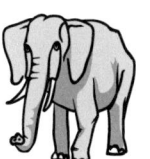

elevant

slon

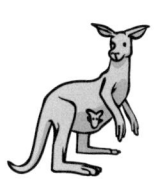

känguru

klokan

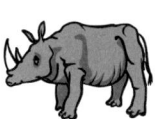

ninasarvik

nosorožec

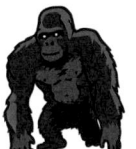

gorilla

gorila

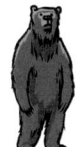

karu

medvěd

kaamel

velbloud

jaanalind

pštros

lõvi

lev

ahv

opice

flamingo

plameňák

papagoi

papoušek

jääkaru

lední medvěd

pingviin

tučňák

hai

žralok

paabulind

páv

madu

had

krokodill

krokodýl

loomaaiatalitaja

ošetřovatel zvířat

hüljes

tuleň

jaaguar

jaguár

poni

poník

leopard

leopard

jõehobu

hroch

kaelkirjak

žirafa

kotkas

orel

metssiga

divoké prase

kala

ryby

kilpkonn

želva

morsk

mrož

rebane

liška

gasell

gazela

Ameerika jalgpall
americký fotbal

jalgrattasõit
cyklistika

tennis
tenis

korvpall
košíková

ujumine
plavání

jäähoki
lední hokej

poksimine
box

jalgpall
kopaná

sulgpall
badminton

kergejõustik
lehká atletika

käsipall
házená

suusatamine
běh na lyžích

polo
vodní pólo

tegevused
aktivity

naerma
smát se
hüppama
skočit
kallistama
objímat
jalutama
jít
laulma
zpívat
unistama
snít
palvetama
modlit se
suudlema
políbit

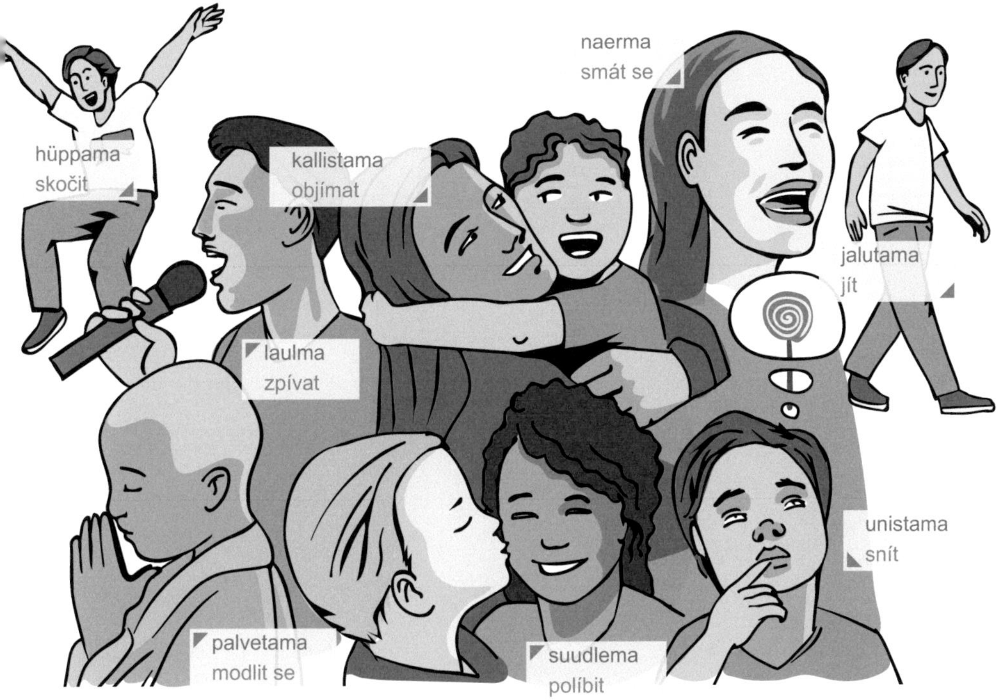

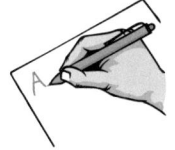

kirjutama
psát

joonistama
kreslit

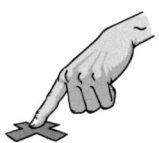

näitama
ukazovat

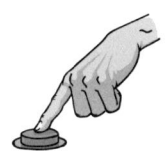

lükkama
tlačit

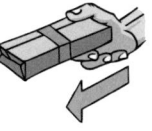

andma
dát

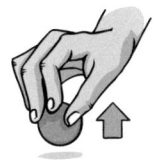

võtma
vzít si

omama

mít

tegema

dělat

olema

být

seisma

stát

jooksma

běhat

tõmbama

táhnout

viskama

hodit

kukkuma

padat

lamama

ležet

ootama

čekat

kandma

nosit

istuma

sedět

riidesse panema

oblékat

magama

spát

ärkama

vzbudit se

vaatama

prohlédnout si

nutma

plakat

paitama

pohladit

kammima

česat

rääkima

hovořit

aru saama

rozumět

küsima

ptát se

kuulama

slyšet

jooma

pít

sööma

jíst

korrastama

uklidit

armastama

milovat

süüa tegema

vařit

sõitma

jet

lendama

letět

purjetama

plachtit

arvutama

počítat

lugema

číst

õppima

učit se

töötama

pracovat

abielluma

vzít si

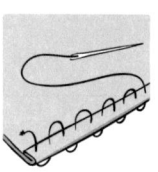

õmblema

šít

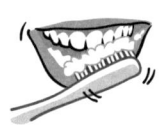

hambaid pesema

čistit si zuby

tapma

zabít

suitsetama

kouřit

saatma

poslat

perekond
rodina

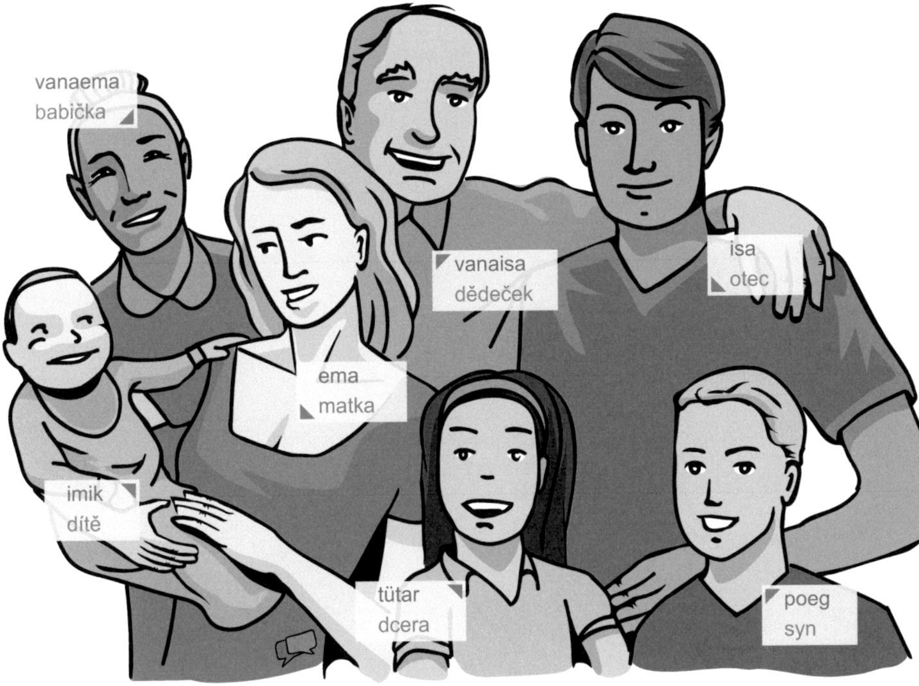
vanaema
babička
vanaisa
dědeček
isa
otec
ema
matka
imik
dítě
tütar
dcera
poeg
syn

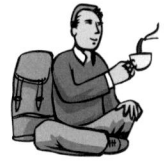

külaline

host

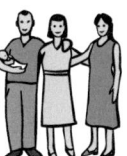

tädi

teta

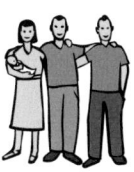

onu

strýc

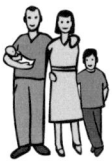

vend

bratr

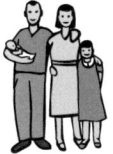

õde

sestra

keha
tělo

otsmik
čelo
silm
oko
nägu
obličej
lõug
brada
rind
hruď
sõrm
prst
käsi
ruka
käsivars
paže
õlg
rameno
jalg
dolní končetina

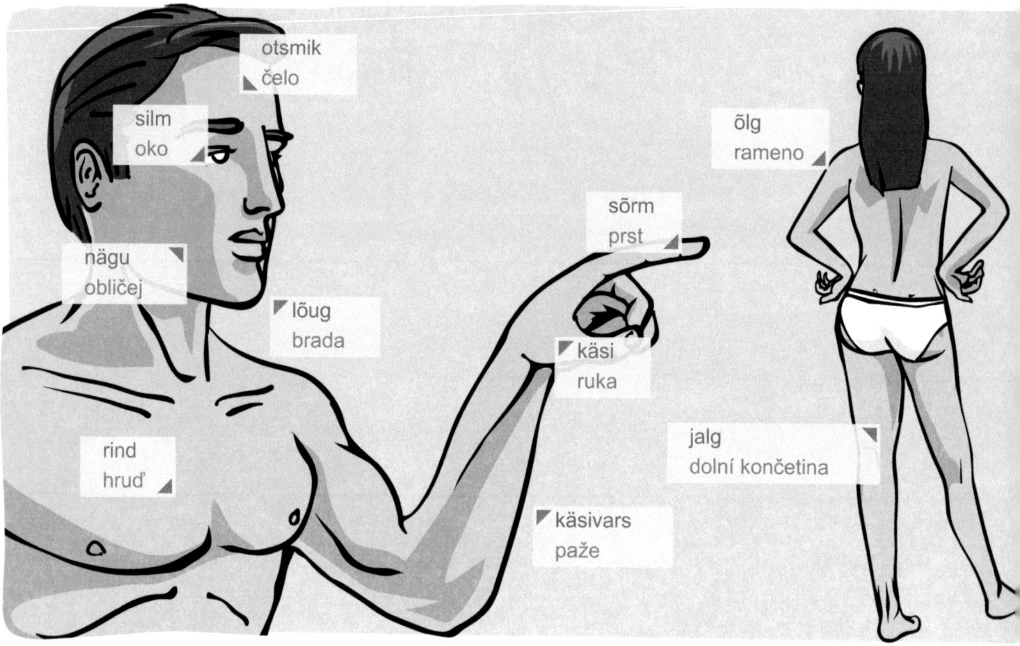

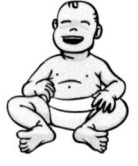

imik
dítě

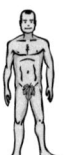

mees
muž

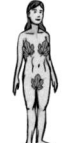

naine
žena

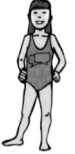

tüdruk
dívka

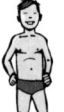

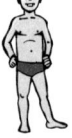

poiss
chlapec

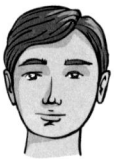

pea
hlava

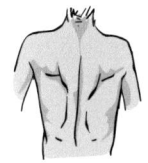

selg

záda

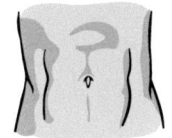

kõht

břicho

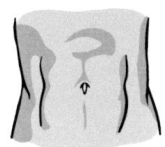

naba

pupík

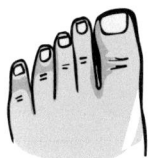

varvas

prst na noze

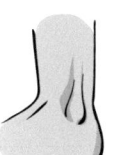

kand

pata

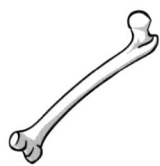

luu

kost

puus

bok

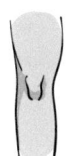

põlv

koleno

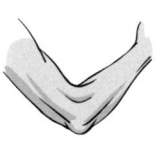

küünarnukk

loket

nina

nos

tagumik

zadek

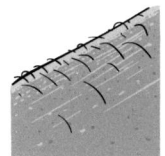

nahk

kůže

põsk

tvář

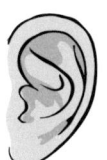

kõrv

ucho

huuled

ret

keha - tělo

suu

ústa

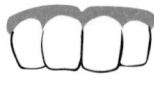

hammas

zub

keel

jazyk

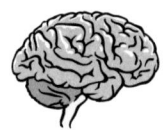

aju

mozek

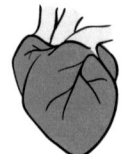

süda

srdce

lihas

sval

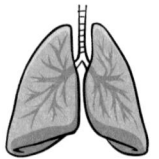

kops

plíce

maks

játra

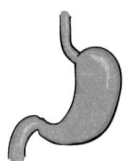

magu

žaludek

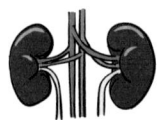

neerud

ledviny

seksuaalvahekord

pohlavní styk

kondoom

kondom

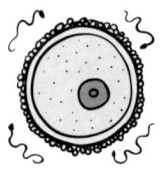

munarakk

vajíčko

sperma

sperma

rasedus

těhotenství

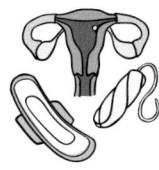

menstruatsioon

menstruace

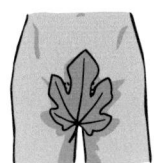

vagiina

vagina

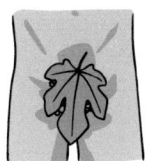

peenis

penis

kulm

obočí

juuksed

vlasy

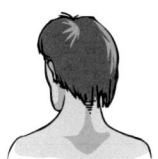

kael

krk

haigla
nemocnice

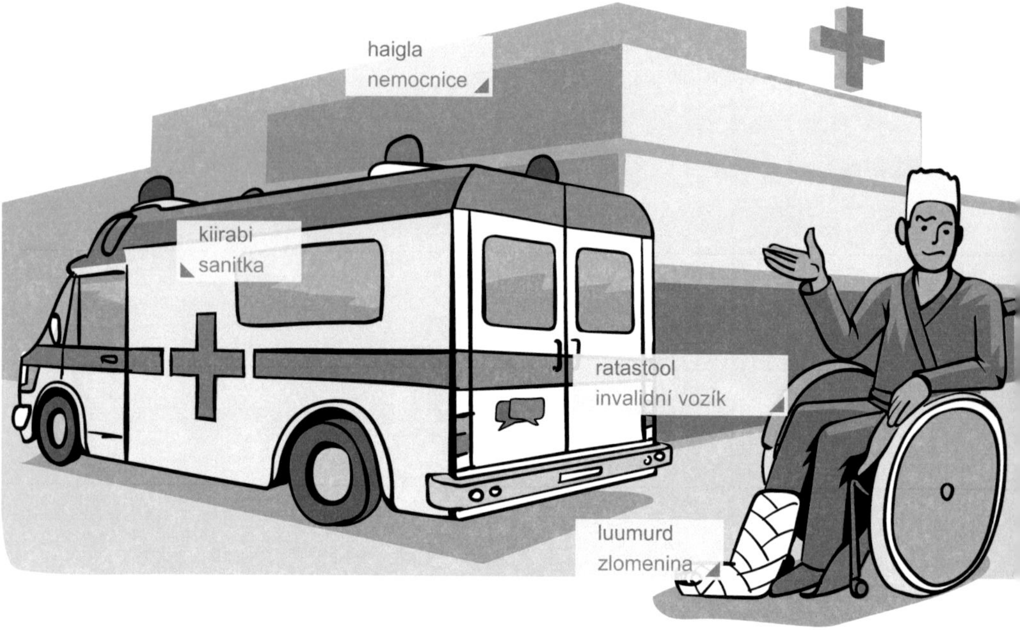

haigla
nemocnice
kiirabi
sanitka
ratastool
invalidní vozík
luumurd
zlomenina

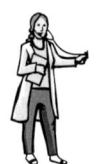

arst

lékař

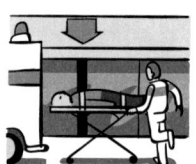

traumapunkt

pohotovost

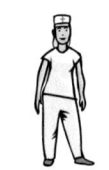

meditsiiniõde

zdravotní sestra

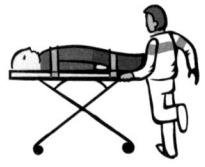

hädaolukord

urgentní případ

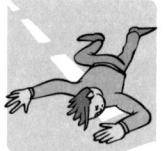

teadvuseta

v bezvědomí

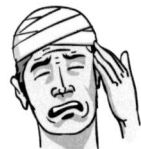

valu

bolest

vigastus

úraz

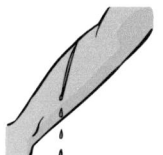

verejooks

krvácení

südamerabandus

infarkt myokardu

insult

cévní mozková příhoda

allergia

alergie

köha

kašel

palavik

horečka

gripp

chřipka

kõhulahtisus

průjem

peavalu

bolest hlavy

vähk

rakovina

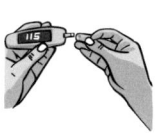

diabeet

cukrovka

kirurg

chirurg

skalpell

skalpel

operatsioon

operace

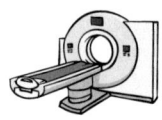

KT
CT

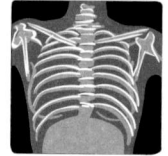

röntgen
rentgen

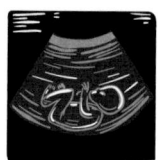

ultraheli
ultrazvuk

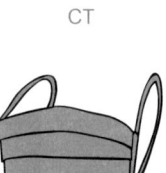

mask
maska

haigus
nemoc

ooteruum
čekárna

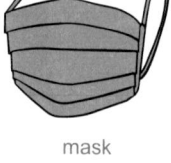

kark
berle

kips
náplast

side
obvaz

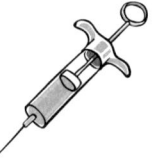

süst
injekce

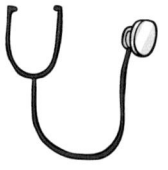

stetoskoop
stetoskop

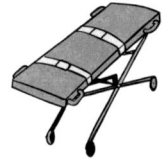

kanderaam
nosítka

kraadiklaas
teploměr

sünd
porod

ülekaaluline
nadváha

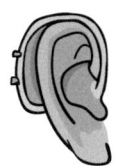

kuuldeaparaat

naslouchátko

desinfektsioonivahend

dezinfekční prostředek

põletik

infekce

viirus

virus

HIV / AIDS

HIV / AIDS

meditsiin

lékařství

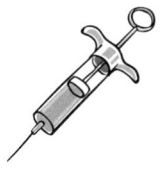

vaktsineerimine

očkování

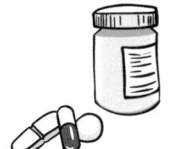

tabletid

tablety

pill

pilulka

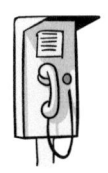

hädaabikõne

tísňové volání

vererõhuaparaat

tonometr

haige / terve

nemocný / zdravý

Appi!

Pomoc!

häire

poplach

kallaletung

přepadení

rünnak

napadení

oht

nebezpečí

avariiväljapääs

nouzový východ

Tulekahju!

Hoří!

tulekustuti

hasicí přístroj

õnnetus

nehoda

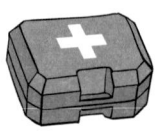

esmaabikomplekt

zdravotnická brašna

SOS

SOS

politsei

policie

Euroopa

Evropa

Põhja-Ameerika

Severní Amerika

Lõuna-Ameerika

Jižní Amerika

Aafrika

Afrika

Aasia

Asie

Austraalia

Austrálie

Atlandi ookean

Atlantik

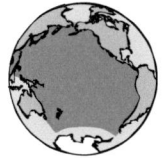

Vaikne ookean

Pacifik

India ookean

Indický oceán

Lõuna-Jäämeri

Jižní ledový oceán

Põhja-Jäämeri

Severní ledový oceán

põhjapoolus

severní pól

lõunapoolus
....
jižní pól

Antarktika
....
Antarktida

Maa
....
země

maismaa
....
pevnina

meri
....
moře

saar
....
ostrov

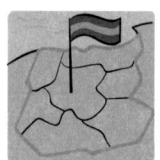

rahvus
....
národ

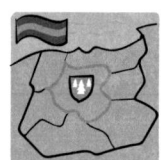

riik
....
stát

sihverplaat
....
ciferník

tunniosuti
....
hodinová ručička

minutiosuti
....
minutová ručička

sekundiosuti
....
vteřinová ručička

Mis kell on?
....
Kolik je hodin?

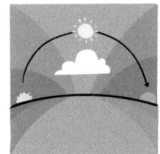

päev
....
den

aeg
....
čas

praegu
....
teď

digitaalne kell
....
digitální hodinky

minut
....
minuta

tund
....
hodina

nädal
týden

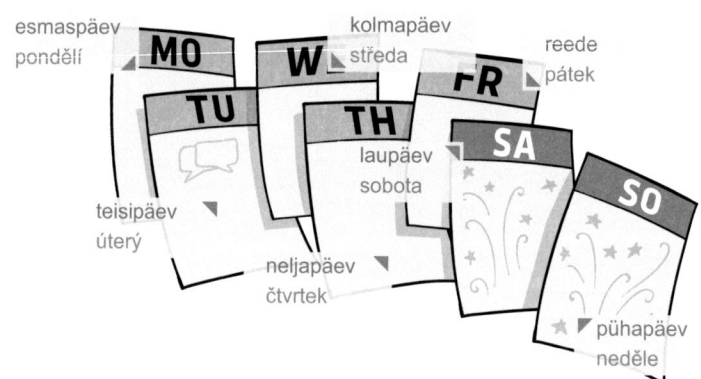

esmaspäev
pondělí

kolmapäev
středa

reede
pátek

teisipäev
úterý

laupäev
sobota

neljapäev
čtvrtek

pühapäev
neděle

eile

včera

täna

dnes

homme

zítra

hommik

ráno

lõuna

poledne

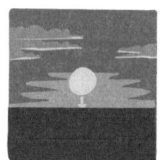

õhtu

večer

tööpäevad

pracovní dny

nädalavahetus

víkend

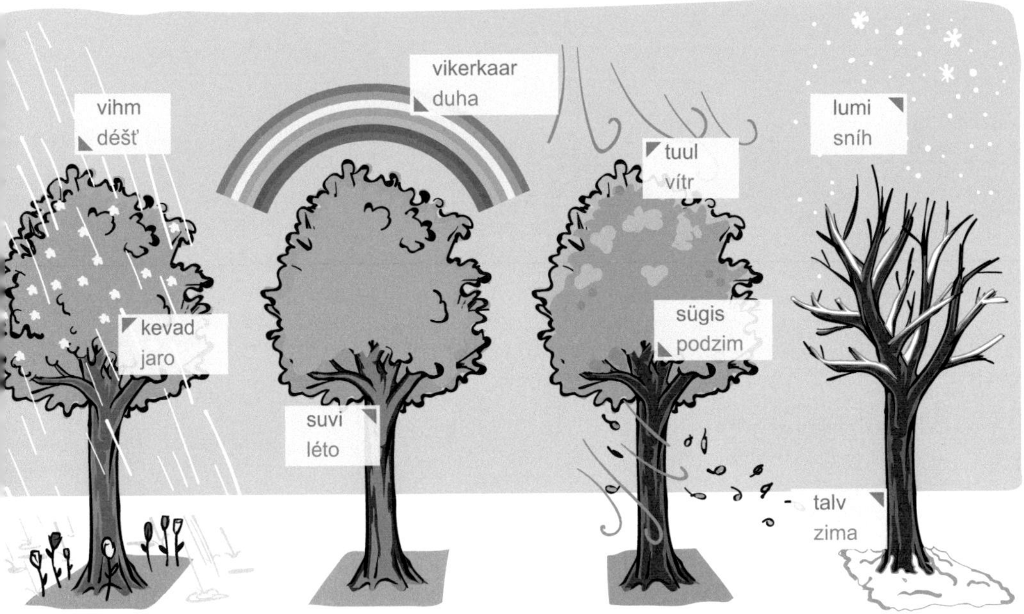

vikerkaar
duha

vihm
déšť

tuul
vítr

lumi
sníh

kevad
jaro

sügis
podzim

suvi
léto

talv
zima

ilmaennustus

předpověď počasí

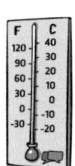

termomeeter

teploměr

päikesepaiste

sluneční svit

pilv

mrak

udu

mlha

niiskus

vlhkost

pikne

blesk

kõu

hrom

torm

bouřka

rahe

kroupy

mussoon

monzun

üleujutus

povodeň

jää

led

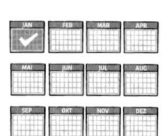

jaanuar

leden

veebruar

únor

märts

březen

aprill

duben

mai

květen

juuni

červen

juuli

červenec

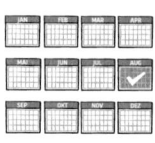

august

srpen

september
....
září

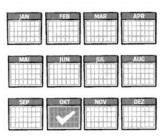

oktoober
....
říjen

november
....
listopad

detsember
....
prosinec

ring
....
kruh

ruut
....
čtverec

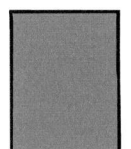

nelinurk
....
obdélník

kolmnurk
....
trojúhelník

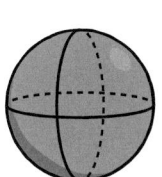

kera
....
koule

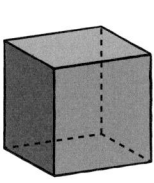

kuup
....
krychle

värvid

barvy

valge

bílá

kollane

žlutá

oranž

oranžová

roosa

růžová

punane

červená

lilla

fialová

sinine

modrá

roheline

zelená

pruun

hnědá

hall

šedá

must

černá

palju / vähe

hodně / málo

vihane / rahulik

rozzuřený / mírumilovný

ilus / inetu

krásný / ošklivý

algus / lõpp

začátek / konec

suur / väike

velký / malý

hele / tume

světlý / tmavý

vend / õde

bratr / sestra

puhas / must

čistý / špinavý

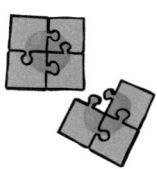

täielik / puudulik

úplný / neúplný

päev / öö

den / noc

surnud / elus

mrtvý / živý

lai / kitsas

široký / úzký

söödav / mittesöödav

jedlý / nejedlý

kuri / sõbralik

zlý / hodný

põnevil / tüdinud

vzrušený / znuděný

paks / peenike

tlustý / hubený

esimene / viimane

nejdříve / naposledy

sõber / vaenlane

přítel / nepřítel

täis / tühi

plný / prázdný

kõva / pehme

tvrdý / měkký

raske / kerge

těžký / lehký

nälg / janu

hlad / žízeň

haige / terve

nemocný / zdravý

ebaseaduslik / seaduslik

ilegální / legální

tark / rumal

inteligentní / hloupý

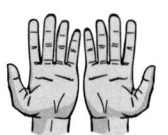

vasak / parem

vlevo / vpravo

lähedal / kaugel

blízko / daleko

uus / kasutatud

nový / použitý

mitte midagi / midagi

nic / něco

vana / noor

starý / mladý

sees / väljas

zapnutý / vypnutý

lahti / kinni

otevřeno / zavřeno

vaikne / vali

tichý / hlasitý

rikas / vaene

bohatý / chudý

õige / vale

správný / špatný

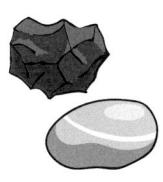

kare / sile

drsný / hladký

kurb / rõõmus

smutný / šťastný

lühike / pikk

krátký / dlouhý

aeglane / kiire

pomalý / rychlý

märg / kuiv

vlhký / suchý

soe / jahe

teplý / chladný

sõda / rahu

válka / mír

0

null

nula

1

üks

jedna

2

kaks

dva

3

kolm

tři

4

neli

čtyři

5

viis

pět

6

kuus

šest

7

seitse

sedm

8

kaheksa

osm

9

üheksa

devět

10

kümme

deset

11

üksteist

jedenáct

12

kaksteist
dvanáct

13

kolmteist
třináct

14

neliteist
čtrnáct

15

viisteist
patnáct

16

kuusteist
šestnáct

17

seitseteist
sedmnáct

18

kaheksateist
osmnáct

19

üheksateist
devatenáct

20

kakskümmend
dvacet

100

sada
sto

1.000

tuhat
tisíc

1.000.000

miljon
milion

inglise

angličtina

Ameerika inglise

americká angličtina

mandariini

standardní čínština

hindi

hindština

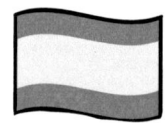

hispaania

španělština

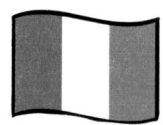

prantsuse

francouzština

araabia

arabština

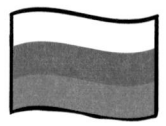

vene

ruština

portugali

portugalština

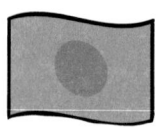

bengali

bengálština

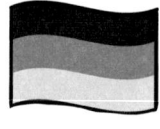

saksa

němčina

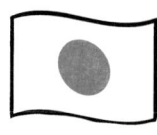

jaapani

japonština

mina

já

sina

ty

tema

on / ona / ono

meie

my

teie

vy

nemad

oni

kes?

Kdo?

mis?

Co?

kuidas?

Jak?

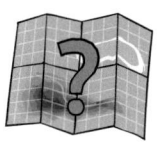

kus?

Kde?

millal?

Kdy?

nimi

jméno

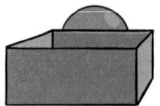

taga
za

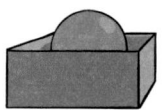

sees
do

ees
z

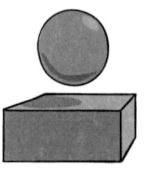

kohal
nad

peal
na

all
mezi

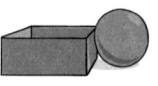

kõrval
vedle

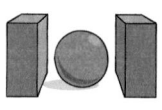

vahel
mezi

koht
místo